प्रेम के सौ रंग

आधुनिक हिंदी लघुकविता

Avikavni Publishers
अ प्र
अविकावनी प्रकाशन
By
Anand Kumar Ashodhiya

लेखक

आनन्द कुमार आशोधिया

प्रेम के सौ रंग

आधुनिक हिंदी लघुकविता

लेखक / Writer
आनन्द कुमार आशोधिया
Anand Kumar Ashodhiya
(कवि, लोकसंस्कृति संरक्षक, साहित्यिक विश्लेषक)

प्रकाशक / Publisher
स्वप्रकाशित – आनन्द कुमार आशोधिया
“Avikavani Publishers” इम्प्रिंट के अंतर्गत
(Self-published under the imprint “Avikavani Publishers”)

ISBN: **978-93-344-5526-7**

प्रथम संस्करण – नवम्बर 2025
स्थान – शाहपुर तुर्क, हरियाणा

कॉपीराइट (COPYRIGHT)

पुस्तक का नाम: "प्रेम के सौ रंग — आधुनिक हिंदी लघुकविता"
लेखक: आनन्द कुमार आशोधिया
Writer: Anand Kumar Ashodhiya

प्रकाशक: स्वप्रकाशित — आनन्द कुमार आशोधिया
"Avikavani Publishers" इम्प्रिंट के अंतर्गत
Publisher: Self-published by Anand Kumar Ashodhiya
under the imprint "Avikavani Publishers"
प्रथम संस्करण: नवम्बर 2025
स्थान: शाहपुर तुर्क, हरियाणा (भारत)

ISBN: **978-93-344-5526-7**
प्रकाशन इम्प्रिंट ID: Avikavani Publishers
प्रस्तुतकर्ता (Author-Publisher): आनन्द कुमार आशोधिया

समर्पण पृष्ठ

*यह संग्रह **"प्रेम के सौ रंग — आधुनिक हिंदी लघुकविता"** समर्पित है उन गुरुचरणों में, जिन्होंने मेरी चेतना को प्रेम की भाषा दी — **परम पूज्य श्री गुरु पालेराम दहिया हलालपुरिया जी** को।*

गुरुवर, आपकी वाणी में हरियाणा की माटी की निष्कलुष लोक-ध्वनि समाहित है। आपके सान्निध्य में मुझे यह बोध हुआ कि काव्य का सत्य जनमानस की चौपालों पर जीवित रहता है। आपके चरण केवल मार्गदर्शक नहीं, अपितु छंदों की साधना के पवित्र तीर्थ हैं — जहाँ मेरी काव्य-दृष्टि को लय, तुक और लोक-संवेदना का सच्चा ज्ञान मिला।

यह संग्रह समर्पित है उन सभी अदृश्य स्पंदनों को — जो प्रेम को केवल भावना नहीं, जीवन की धड़कन बनाते हैं।

समर्पित है — माँ की ममता, पिता की चिंता, भाई की बाँह, बहन की मुस्कान, दादा-दादी की कहानियाँ, बच्चों की किलकारी, सैनिक की शपथ, किसान की मिट्टी, शिक्षक की दृष्टि, और उस हर व्यक्ति को — जिसने प्रेम को किसी न किसी रूप में जिया है, निभाया है, या खोया है।

यह संग्रह "प्रेम के सौ रंग — आधुनिक हिंदी लघुकविता" उन सौ बूँदों की तरह है — जो अलग-अलग रिश्तों, संवेदनाओं और संस्कृतियों से टपकती हैं, पर अंततः एक ही जलधारा में मिल जाती हैं — मानवता के प्रेम में।

मेरी लेखनी केवल मेरी नहीं — यह उन सभी अनुभवों की ऋणी है, जिन्होंने मुझे प्रेम को शब्दों में ढालने की दृष्टि दी।

विनम्र समर्पण सहित,

आनन्द कुमार आशोधिया
Anand Kumar Ashodhiya
कवि, लोकसंस्कृति संरक्षक, साहित्यिक विश्लेषक

प्रेरणा-स्मरण एवं आभार

*"**प्रेम के सौ रंग — आधुनिक हिंदी लघुकविता**" केवल एक कविता-संग्रह नहीं, बल्कि उन **त्रिवेणी-दृष्टियों** का विस्तार है जिन्होंने मेरी संवेदना को आकार दिया, मेरी भाषा को दिशा दी, और मेरी लेखनी को सृजन के उत्तरदायित्व का बोध कराया।*

इन महान विभूतियों के चरणों में, मैं सादर प्रणाम और हार्दिक कृतज्ञता अर्पित करता हूँ:

1. नव-सृजन के भीष्म पितामह: श्री अशोक कुमार जाखड़ 'निस्वार्थी'

*मैं सबसे पहले वयोवृद्ध, वरिष्ठ हरयाणवी साहित्यकार **श्री अशोक कुमार जाखड़ 'निस्वार्थी' (ढाणा, झज्झर, हरियाणा)** के प्रति शीश झुकाता हूँ। यदि उन्हें हरयाणवी साहित्य का भीष्म पितामह कहा जाए, तो यह कोई अतिशयोक्ति नहीं होगी। यह उन्हीं का स्नेहिल प्रोत्साहन था जिसने मुझे नव सृजन के पथ पर ऊँगली पकड़कर आगे बढ़ाया। उनके आशीर्वाद से ही मेरी लेखनी को पहला संबल और दिशा मिली।*

2. लोक-संवेदना के स्रोत: श्री रूप देवगुण

*मैं सादर प्रणाम करता हूँ अपने प्रेरणास्रोत **श्री रूप देवगुण (प्रोफेसर, सिरसा)** को — जिनसे मैंने जाना कि हिंदी भाषा केवल संवाद का माध्यम नहीं, बल्कि **लोकसंवेदना की आत्मा** है। उनके मार्गदर्शन ने मुझे यह समझाया कि शब्दों की सजावट से अधिक ज़रूरी है उनकी सामाजिक चेतना और उत्तरदायित्व। उन्होंने मेरी लेखनी में वह जागरूकता जगाई जो प्रेम को केवल एक भाव नहीं, बल्कि एक मानवीय कर्तव्य बनाती है।*

3. विचार और सृजनशीलता के प्रणेता: डॉ. चन्द्रदत्त शर्मा

*साथ ही, मैं अपनी आत्मा की प्रेरणा, **डॉ. चन्द्रदत्त शर्मा (रोहतक)** — **प्रख्यात शिक्षाविद एवं साहित्यकार** — के सम्मान में कृतज्ञता से नमन वन्दन अर्पित करता हूँ। उनसे मिले गहन साहित्यिक संस्कारों ने मेरी रचनाओं को विचार, संवेदना और सृजनशीलता की गहराई दी। उन्होंने मुझे यह दृष्टि दी कि लघु-कविता केवल सौंदर्य नहीं, बल्कि समाज का एक सूक्ष्म और सशक्त **दस्तावेज** भी हो सकती है।*

इन तीनों महानुभावों का प्रभाव मेरी प्रत्येक कविता की प्रत्येक पंक्ति में एक स्पंदन बनकर समाहित है — चाहे वह माँ की ममता हो, सैनिक का बलिदान हो, या आत्मचिंतन की एक मौन बूँद।

*इनका आशीर्वाद मेरी लेखनी में केवल प्रेरणा नहीं, **प्रेम की भाषा** बनकर सदैव समाहित रहे।*

सादर आभार सहित,

आनन्द कुमार आशोधिया

भूमिका: प्रथम संबल का आशीष

"प्रेम के सौ रंग — *आधुनिक हिंदी लघुकविता*" *संग्रह (लेखक: आनन्द कुमार आशोधिया)*

मैं, अशोक कुमार जाखड़ 'निस्वार्थी', एक वयोवृद्ध कलमकार के रूप में, आज अत्यंत गर्व और आनंद के साथ अपने प्रिय अनुयायी, आनन्द कुमार आशोधिया के इस प्रथम **हिंदी लघुकविता** *संग्रह की भूमिका लिखने बैठा हूँ।*

आनन्द की लेखनी की यात्रा मैंने बहुत करीब से देखी है। अक्सर जब कोई युवा साहित्य के मैदान में उतरता है, तो उसके पास ऊर्जा तो होती है, पर सही दिशा और नींव का अभाव होता है। आनन्द में सृजन की वह पवित्र भूख थी, जिसे मैंने 'निस्वार्थ' भाव से केवल सही दिशा में मोड़ा। मुझे यह देखकर असीम संतोष मिलता है कि जिस नन्हें पौधे को मैंने ऊँगली पकड़कर पाला था, वह आज **"प्रेम के सौ रंग — आधुनिक हिंदी लघुकविता"** *जैसे संग्रह के रूप में एक सुगंधित वृक्ष बनने को तत्पर है।*

यह संग्रह सिर्फ सौ कविताएँ नहीं हैं; ये **सौ बूँदें** *हमारे समाज, हमारे परिवेश, और हमारे अंतरंग जीवन की सच्चाइयों का सार हैं। आज के भागदौड़ भरे, शोरगुल से भरे युग में जहाँ लंबी-चौड़ी बातें और शोरगुल अधिक है, वहाँ* **लघुकविता** *का यह छोटा स्वरूप एक आवश्यक मौन लेकर आता है। आनन्द ने इस मौन को साधा है। उन्होंने सीखा है कि बड़े-से-बड़े भाव को कम-से-कम शब्दों में, तीखेपन और मिठास के साथ कैसे प्रस्तुत किया जाए।*

आप इस संग्रह में माँ की ममता की गर्माहट, सैनिक के बलिदान का ज्वार, और आत्म-चिंतन की ठंडक—ये सब कुछ पाएँगे। यह संग्रह दिखाता है

कि आनन्द की आत्मा ने लोकसंवेदना और मानवीय करुणा के धागों को कितनी मज़बूती से पकड़ा है।

*एक वरिष्ठ कलमकार होने के नाते मेरा आशीष है कि **आनन्द** की यह यात्रा निरंतर चलती रहे। यह पुस्तक केवल शुरुआत है। मैं सभी पाठकों से आग्रह करता हूँ कि इन सौ बूँदों का पान करें और अपने जीवन में प्रेम, जागरूकता और करुणा की इस ऊर्जा को महसूस करें।*

शुभकामनाओं सहित,

आपका
अशोक कुमार जाखड़ निस्वार्थी
रिटायर्ड सीआईएसएफ ढाणा
झज्जर हरियाणा124146

प्रस्तावना: लोकसंवेदना की आत्मा

"प्रेम के सौ रंग — आधुनिक हिंदी लघुकविता" *(लेखक: आनन्द कुमार आशोधिया)*

एक शिक्षक और अध्येता के रूप में, मैं सदा से यह मानता रहा हूँ कि हिंदी केवल 'राजभाषा' या 'राष्ट्रभाषा' नहीं है; यह हमारी ***लोकसंवेदना की आत्मा*** *है। यह वह धरातल है, जहाँ जनमानस की वेदना, प्रेम और संघर्ष बिना किसी आवरण के मुखरित होते हैं।*

आनन्द कुमार आशोधिया का यह संग्रह **"प्रेम के सौ रंग — आधुनिक हिंदी लघुकविता"** *इसी लोकसंवेदना को अभिव्यक्त करने का एक सफल प्रयास है। मैंने आनन्द को शब्दों की सजावट से अधिक उनकी सामाजिक चेतना को महत्त्व देने की दिशा दिखाई। मुझे यह देखकर संतोष है कि मेरी इस दृष्टि को उन्होंने न केवल समझा, बल्कि उसे लघुकविता के माध्यम से एक नया आयाम भी दिया है।*

लघुकविता *आज की गतिमान जीवनशैली का साहित्यिक उत्तर है। यह वह विधा है जो कम शब्दों में 'कवि' और 'पाठक' के बीच एक त्वरित संवाद स्थापित करती है। आनन्द की कविताएँ इस संवाद को सफलतापूर्वक साधती हैं। वे प्रेम को केवल रोमांटिक भाव नहीं मानतीं, बल्कि इसे एक* ***सामाजिक उत्तरदायित्व*** *के रूप में देखती हैं। संग्रह में आप पाएँगे:*

1. ***सामाजिक चेतना:*** *सैनिक के बलिदान और किसानों के श्रम में राष्ट्रप्रेम की गहरी समझ।*
2. ***मानवीय संबंध:*** *माँ, परिवार और निस्वार्थ प्रेम की भावना का सूक्ष्म चित्रण।*

3. ***आत्मचिंतन:*** *आधुनिक व्यक्ति के आंतरिक संघर्षों और नैतिक ज़िम्मेदारियों पर विचार।*

*यह संग्रह प्रमाणित करता है कि आनन्द ने शब्दों के सही वज़न को पहचान लिया है। उन्होंने अनावश्यक विस्तार से बचते हुए, हर कविता में **विचार की गागर** भरने का प्रयास किया है।*

मैं आश्वस्त हूँ कि यह संग्रह हिंदी साहित्य में लघुकविता के बढ़ते महत्त्व को स्थापित करेगा और आनन्द कुमार आशोधिया एक सजग, संवेदनशील कवि के रूप में अपनी पहचान बनाएँगे।

शुभकामनाओं सहित,

प्रोफेसर रूप देवगुण
(Professor Roop Devgun)
सिरसा (हरियाणा)

साहित्यिक समीक्षा: सौंदर्य और समाज का दस्तावेज़

"प्रेम के सौ रंग — आधुनिक हिंदी लघुकविता" *(लेखक: आनन्द कुमार आशोधिया)*

साहित्यकार और शिक्षाविद होने के नाते, मेरा मानना है कि किसी भी सृजन की सफलता उसकी ***विचार, संवेदना और सृजनशीलता*** *की गहराई में निहित होती है। आनन्द कुमार आशोधिया का संग्रह* **"प्रेम के सौ रंग — आधुनिक हिंदी लघुकविता"** *इन तीनों कसौटियों पर खरा उतरता है।*

मैंने आनन्द को साहित्यिक संस्कार दिए और उन्हें यह दृष्टि प्रदान की कि लघुकविता महज़ तुकबंदी या सौंदर्यबोध नहीं है, बल्कि यह समय, समाज और चेतना का **सूक्ष्म दस्तावेज़** *(Document) हो सकती है। यह संग्रह इस सिद्धांत का सफल प्रयोग है।*

संग्रह की संरचनात्मक विशेषताएँ:

1. ***लघुता में विराटता:*** *लघुकविता की सबसे बड़ी चुनौती है —* ***विस्तार का संयम।*** *कवि ने लगभग हर कविता में, दस पंक्तियों के भीतर, एक पूर्ण विचार, एक पूरी कहानी, या एक तीव्र भावनात्मक क्षण को सफलतापूर्वक कैद किया है। यह उनकी शब्द-साधना का उत्कृष्ट उदाहरण है।*
2. ***प्रेम की बहुआयामी परिभाषा:*** *कवि ने प्रेम को केवल नायक-नायिका तक सीमित नहीं रखा है। उनकी* **"प्रेम के सौ रंग — आधुनिक हिंदी लघुकविता"** *सैनिक के बलिदान (देश प्रेम), माँ की ममता (वात्सल्य प्रेम), और आत्म-साधना*

(आध्यात्मिक प्रेम) जैसे कई कोणों से प्रकाशित होती हैं। यह संग्रह प्रेम को **उत्तरदायित्व की व्यापक चेतना** *के रूप में स्थापित करता है।*

3. ***बिम्बों की ताज़गी:*** *कविताएँ सरल भाषा में लिखी गई हैं, किंतु इनमें प्रयुक्त बिम्ब ताज़गी भरे हैं। चाहे वह 'बलिदान की लौ' हो, 'वर्दी में गर्व' हो, या 'शांति का स्वर' — सभी बिम्ब सीधे हृदय को छूते हैं।*

निष्कर्ष: **"प्रेम के सौ रंग — आधुनिक हिंदी लघुकविता"** *एक महत्वपूर्ण और समकालीन संकलन है। यह दिखाता है कि वर्तमान कविता के पास अभी भी वह शक्ति है जो न केवल मनोरंजन करती है, बल्कि पाठक को आत्म-चिंतन की ओर भी ले जाती है। मैं इस संग्रह को विचार, संवेदना और सृजनशीलता के सामंजस्य के लिए* **उच्च साहित्यिक मूल्यांकन** *प्रदान करता हूँ।*

शुभकामनाओं सहित,

डॉ. चन्द्रदत्त शर्मा
प्रख्यात शिक्षाविद एवं साहित्यकार, रोहतक

1. स्पर्श की स्मृति

मां के हाथों की गंध,
आज भी किताब के कोने में बसती है।
पिता की चुप्पी—सवालों के जवाब बनकर लौटती है।
उनके बिना कुछ खोया नहीं,
बस जो पाया, वो अधूरा सा लगता है।
हर सफलता में उनकी थकान दिखती है।
हर हार में उनकी उंगलियाँ थामे मिलती हैं।
वे अब नहीं समझाते,
सिर्फ देख लेते हैं मेरी आंखें,
और मैं खुद को समझा लेता हूँ।

****

2. लौटना

दूर कहीं जीवन दौड़ता रहा,
पर हर मोड़ पर उनका नाम पुकारता रहा।
संघर्षों में जब कभी रुका,
उनकी हँसी की याद ने फिर से चलना सिखाया।
कई बार असहमति हुई,
पर प्रेम की भाषा में कोई वाक्य अधूरा नहीं रहा।
वे मेरे इतिहास नहीं,
मेरे वर्तमान की स्याही हैं।
उनके पास लौटना
किसी पूजा स्थल लौटने जैसा है।

****

3. खामोशी की भाषा

पिता की चुप्पी में
हर सलाह की गहराई होती है।
माँ की मुस्कान में
असंख्य आशीषों की बूँदें टपकती हैं।
कभी-कभी हम बोल नहीं पाते,
पर प्रेम तो मौन में बहता है।
उनके लिए शब्द कम पड़ते हैं,
इज़हार से ज्यादा एहसास जरूरी होता है।
बिना कहे जो सब कुछ कह जाए,
वही औलाद का सच्चा प्रेम है।

****

4. नींव की ईंट

बचपन में गिरने से पहले
हाथ उनके बढ़ जाते थे।
अब हम ऊँचाई पर खड़े हैं,
तो वो नीचे से देख रहे हैं चुपचाप।
हर कदम में उनका विश्वास छुपा होता है।
वो खुद पीछे रहते हैं,
ताकि हमारी राह संकरी न हो।
सपनों को उड़ान देने के लिए
वो अपनी नींदें गिरवी रख देते हैं।
माता-पिता—बिना श्रेय की नींव।

****

5. रात्रि की प्रार्थना

जब हम सो जाते हैं,
वे जागकर हमारे लिए प्रार्थना करते हैं।
धूप से पहले उनका आशीर्वाद उतरता है।
हमारी थकान उनकी चिंता बन जाती है।
गलतियाँ उन्हें विचलित नहीं करतीं,
बल्कि सुधार का रास्ता दिखाती हैं।
वे भविष्य नहीं जानते,
पर हमारा हर वर्तमान संवारते हैं।
उस प्रेम में कोई शर्त नहीं होती,
बस एक गूढ़ समर्पण होता है।

****

6. अनकहा संगीत

हर बार जब हम लौटते हैं,
उनकी आँखों में एक त्यौहार होता है।
वे बातें नहीं करते,
पर चाय में स्नेह मिला देते हैं।
हम जो नहीं कह पाते,
वो हमारे लहजे में सुन लेते हैं।
उनकी चिंता
कभी निर्देश नहीं बनती—बस प्रेम में ढलती है।
माँ का स्पर्श,
पिता की चुप्पी—दो सुर एक राग।

****

7. कहानी की पगडंडी

दादी की गोद में
हर कहानी जीवंत हो जाती है।
पौराणिक पात्र नहीं,
वो मेरे बचपन के साथी बन जाते हैं।
दादा के अनुभव
किसी खज़ाने से कम नहीं लगते।
जब वे बोलते हैं, समय रुककर सुनता है।
मैं उनके लहजे में
जीवन की सरलता पाता हूँ।
उनके साथ बीता हर क्षण—अमूल्य है।

****

8. रूई में लिपटा प्यार

ठंडी रातों में
दादी का हाथ मेरे माथे पर था।
बिजली गई तो दादा की कहानियाँ जल उठीं।
खिलौनों से ज़्यादा
उनकी बातें मेरे दिल को लुभाती थीं।
उन्होंने कभी डांटा नहीं,
बस समझाया, मुस्करा कर।
उनका हर शब्द
किसी बर्फ में लिपटी गर्मी जैसा था।
मैं बड़ा हो गया हूँ, पर वो बचपन आज भी वहीं है।

****

9. दिशा की खोज

जब रास्ता कठिन लगता है,
दादा की सलाह याद आती है।
वे कहते थे—"जल्दी नहीं बेटा,
धैर्य रास्ते खुद बनाता है।"
दादी की पूजा में
शांति बसती थी।
उनके साथ बैठकर
मैं जीवन की दिशा तय करता हूँ।
उनका मौन,
मेरे लिए सबसे स्पष्ट उत्तर है।

****

10. झुर्रियों में बसे फूल

झुर्रियाँ उनके चेहरे की नहीं,
उनके अनुभवों की पुस्तक हैं।
हर कहानी में
वे हमें ही नायक बनाते हैं।
दादी के हाथों में मिठास है,
जो शब्दों से नहीं, स्वाद से बात करती है।
दादा अपने अनुभव बाँटते हैं,
जैसे भविष्य को बोते हों।
उनकी आँखों में
हमारे लिए हमेशा एक उत्सव रहता है।

****

11. चुप्पी में प्रेम

वे ज़्यादा नहीं कहते,
पर हर बात हमारे लिए कहते हैं।
जब हम निराश होते हैं,
तो उनकी एक हल्की सी मुस्कान बहुत कुछ कह जाती है।
दादी की प्रार्थनाओं में
हमेशा हमारा नाम शामिल रहता है।
दादा की चुप्पी
सपनों को दिशा देती है।
उनका प्रेम बोलने से नहीं,
जीने से जाहिर होता है।

****

12. खिलौनों से परे

जब हम छोटे थे,
दादी दादी सबसे प्यारा खिलौना थे।
उनकी गोद में डर गायब हो जाता था।
दादा की उंगली पकड़कर
हमने पहली बार सड़क पार की थी।
उनके साथ हर लम्हा खेल की तरह लगता था।
अब हम बड़े हो गए हैं,
पर वो प्यार अब भी वैसा ही है।
बस अब वो हमें देखकर
अपनी जवानी को मुस्कराते हैं।

****

13. राख की रेखा

राखी की डोरी सिर्फ धागा नहीं,
एक वादा है—सदैव साथ रहने का।
बहन की चुप्पी भी
भाई के लिए चिंता बन जाती है।
भाई की डांट में
स्नेह की जड़ें छिपी होती हैं।
हर झगड़ा प्यार का अनुवाद बन जाता है।
बचपन की लड़ाइयाँ
बुढ़ापे की मुस्कान बनती हैं।
वे एक-दूसरे के सबसे मजबूत गवाह होते हैं।

****

14. चुपचाप छाया सा

बहन कभी नहीं कहती,
पर भाई की हर थकान पढ़ लेती है।
भाई हँसता है,
तो बहन राहत महसूस करती है।
उनके बीच
शब्दों का लेन-देन कम होता है,
पर भावों का प्रवाह प्रबल।
वो दूरी में भी
एक-दूसरे के सबसे करीब होते हैं।
जैसे छाया—जो कभी छोड़ती नहीं।

****

15. पुराने फोटो में बसी मुस्कान

पुराने एलबम में
दो चंचल चेहरे मुस्कराते हैं।
एक गुड्डी, एक गुड्डा,
बचपन का संसार बसा होता है।
बहन की चोटी खींचना,
भाई की किताबें रंगना—
हर शरारत में
एक स्नेह का पाठ छिपा था।
अब तस्वीरें पुरानी हो गईं,
पर प्रेम की फ्रेम आज भी चमक रही है।

****

16. एक साथ बंधे धागे

परिवार कोई संबोधन नहीं,
यह वह अनुभव है जो हर मोड़ पर साथ चलता है।
कभी दादी की फूंक से दर्द मिटता है,
कभी पिता की चुप्पी से साहस उपजता है।
बहन की सलाह,
और भाई की जिद—सब मिलकर एक कथा बनते हैं।
रसोई की खुशबू,
और आंगन की धूप
मन को घर की परिभाषा देती है।
इन धागों से ही जीवन की सारी बुनाई होती है।

****

17. मूल्य की नींव

हम जो बनते हैं,
उसमें घर के संस्कारों की छाया होती है।
माँ की दृष्टि में निर्णय का संतुलन,
पिता की आंखों में नियमों का प्रकाश।
हर रिश्ते में
हमारी आत्मा को आकार मिलता है।
संघर्ष भले ही बाहर हों,
शांति हमेशा परिवार के भीतर रहती है।
वो जो हमें गिरने से नहीं रोकते,
बल्कि गिरकर उठने की हिम्मत देते हैं।

****

18. उत्सव से पहले का आलोक

त्योहारों में रौनक सिर्फ सजावट से नहीं आती,
वह मिलन से उपजती है।
दादी की पकवानों में
बचपन के स्वाद लौट आते हैं।
भाई-बहनों की चुहल
घर को रंग देती है।
माँ की सजावट
हृदय में दीप जलाती है।
परिवार—वह पहला मंदिर है
जहाँ भावना पूजी जाती है।

****

19. हर सुबह की आशा

हर सुबह
एक नया श्वास लेकर आती है।
सूरज के उजाले में
दबी हुई उम्मीदें उजागर होती हैं।
जीवन—ना स्थायी, ना रूढ़—
बस प्रवाह है, जिसमें प्रेम बहता है।
हर ठोकर
किसी नई राह की दस्तक देती है।
और हर मुस्कान
जीवन की स्वीकृति बन जाती है।

****

20. खुद से जुड़ना

जीवन की सबसे बड़ी यात्रा
अपने भीतर की ओर होती है।
हम जो चाहते हैं,
वो अक्सर वही होता है
जिसे हमने नज़रअंदाज़ किया था।
हर दिन एक अवसर है खुद को समझने का।
जीवन कोई लड़ाई नहीं,
बल्कि आत्मा का आलिंगन है।
जब हम खुद से प्रेम करते हैं,
तो संसार बेहतर हो जाता है।

****

21. रंगों की बारिश

जीवन एक खाली कैनवास है,
जिसे हर अनुभव रंग देता है।
सुख के रंग हल्के,
दुख के रंग गहरे होते हैं।
पर दोनों मिलकर
चित्र को जीवंत बनाते हैं।
यदि केवल उजाला हो,
तो छायाएं फीकी पड़ जाएँ।
इसलिए जीवन से प्रेम
उसके हर रंग से करना चाहिए।

****

22. दीवारों के पार की मुस्कान

हर सुबह की नमस्ते
सिर्फ शिष्टाचार नहीं, स्नेह की शुरुआत होती है।
पड़ोसी की बर्तन खटकने की आवाज
हमारे दिन का संकेत बन जाती है।
जब उनकी चाय की भाप उठती है,
हमारे संवाद गर्म होने लगते हैं।
वे कभी पूछते नहीं,
फिर भी हाल चाल जान लेते हैं।
दीवारों से बँटे हुए नहीं,
मुलाकातों से जुड़े हुए होते हैं।

****

23. दरवाज़ा खुला रहता है

कभी दवा की ज़रूरत हो,
तो उनके पास जाना सहज लगता है।
दुख-सुख की सूचना
कभी कॉल नहीं, सिर्फ नजरों से पहुंचती है।
बच्चों की आवाजें मिलकर
एक मोहल्ला बनाती हैं।
पड़ोसी वो होते हैं
जो बिना आमंत्रण
त्योहारों में रंग भर देते हैं।
दरवाज़ा नहीं, अपनापन खुला रहता है।

****

24. दीप जलते साथ में

दीवाली की रात
जब उनके आँगन से रोशनी आती है,
तो लगता है—प्रकाश साझा होता है।
एक कटोरी सेवई
ईद की मिठास बढ़ा देती है।
होली के रंग
उनके चेहरे पर पड़े बिना अधूरे लगते हैं।
पड़ोसी कोई धर्म नहीं,
वो एक संस्कृति होते हैं—सहअस्तित्व की।
जहां दीप अकेले नहीं जलते।

****

25. खामोशी का साहचर्य

बिना बोले भी
वो जान लेते हैं कि क्या कहना है।
एक हल्का स्पर्श,
दिनभर की थकान हर लेता है।
वे दोस्त नहीं,
पर सबसे गहरे विश्वासपात्र हैं।
घर में मौन होता है,
पर दिलों में संवाद जारी रहता है।
उनका साथ
सिर्फ साथ चलने नहीं, साथ जीने का वचन है।

****

26. दो कप चाय का रिश्ता

सुबह की चाय जब दोनों एक साथ पीते हैं,
तो दिन की शुरुआत संवाद से होती है।
एक कप में दूध ज़्यादा,
दूसरे में चीनी कम—फिर भी प्रेम बराबर।
चाय की भाप में
बिताए गए बरसों की गरमी होती है।
कुछ बातें रोज़ की,
कुछ जज़्बात अधूरे।
फिर भी हर घूँट में
एक रिश्ता पनपता है।

****

27. टकराहट और ताजगी

झगड़े होते हैं,
कभी बातों में तीखापन भी होता है।
पर शाम होते ही
वे चुपचाप एक-दूसरे के पास बैठ जाते हैं।
समझौते नहीं करते,
समझ बनाते हैं।
प्रेम कोई परफेक्ट चित्र नहीं,
थोड़ी खरोंचें उसमें जीवंतता लाती हैं।
वे अलग नहीं सोचते,
बस एक ही रास्ते पर दो दृष्टियाँ रखते हैं।

****

28. नज़रें जो कहती हैं सब कुछ

उन्होंने कुछ कहा नहीं,
पर आँखें गीत बन गईं।
वो चुप थे,
फिर भी सारा संसार बोलता दिखा।
किसी शेर की तरह,
उनकी नज़रों ने दिल को घायल किया।
कोई वादा नहीं था,
पर यक़ीन था गहराई का।
प्रेम शब्दों में नहीं,
नज़रों की भाषा में जन्मा।

****

29. बारिश और बाँहें

बारिश आई,
और वो छतरी छोड़कर उसकी बाँहों में आ गई।
सड़कें भीगी थीं,
पर मन तो पहले से तर था।
हर बूँद में
जैसे धड़कनों की ताल सुनाई दी।
कोई नहीं था आसपास,
पर सारा जहाँ जैसे रुक गया।
वो स्पर्श
कविता बनकर रह गया।

****

30. रास्ते एक थे

दोनों अलग थे,
पर मंज़िल एक ही थी।
वो बातें जो फोन पर घंटों चलती थीं,
अचानक चुप्पी बनकर साथ चलने लगीं।
कोई पूछे तो वे कहें —
"हम प्रेमी नहीं, हम सह-यात्री हैं।"
सहजता उनकी सबसे बड़ी खूबी थी।
कोई तमाशा नहीं,
बस एक स्थिर प्रेम था।
जो भी मिला, उसकी धार में बहता गया।

****

31. अभिनय — चेहरे के पीछे का सत्य

वो किरदार निभाता है,
पर भीतर अपना ही जीवन जीता है।
हर संवाद में
एक अनुभव की चिंगारी होती है।
मुखौटे पहनकर भी
वो सबसे वास्तविक होता है।
स्टेज पर अकेला,
फिर भी हजारों आत्माओं का वाहक।
अभिनय उसके लिए पेशा नहीं,
एक दर्शन है—जीवन को देखने का।

****

32. संगीत — ध्वनि की आत्मा

एक राग उठता है,
और हवा थम जाती है।
स्वर में शांति होती है,
और ताल में ताज़गी।
वह सुरों को साधता नहीं,
उनमें बहता है।
हर नाद उसके लिए
प्रकृति का सन्देश है।
संगीत उसका धर्म नहीं,
उसकी मुक्ति है।

****

33. साहित्य — शब्दों में जीवित समय

कागज़ पर शब्द लिखे,
पर हर अक्षर एक युग का वचन था।
वह इतिहास नहीं रचता,
वह भावों का दस्तावेज़ बनाता है।
कविता उसकी पूजा है,
गद्य उसका यज्ञ।
वह लिखता है
तो अपने ही भीतर उतरता है।
साहित्य उसके लिए
मनुष्य की आत्मा की प्रतिध्वनि है।

****

34. मिट्टी से रिश्ता

उसने उस धूल को चूमा,
जिससे उसका जीवन बना।
न कोई प्रमाण पत्र चाहिए,
बस खेतों की सोंधी गंध पर्याप्त थी।
वो शहरों से गुज़रा,
पर गाँव उसके दिल में रहा।
देश उसके लिए
भूगोल नहीं, भाव था।
हर साँस में वो
अपनी मिट्टी को जीता था।

****

35. वर्दी का भार

वो वर्दी पहनता है,
पर केवल दिखावे के लिए नहीं।
हर बटन में एक़ शपथ होती है,
हर सलामी में एक इतिहास।
वो बंदूक नहीं,
संकल्प उठाता है।
देश उसके लिए
कर्तव्य का स्वरूप है।
वो लड़ता है,
ताकि हम शांति में जी सकें।

****

36. बलिदान की लौ

वह चला गया, पर गौरव की लौ जला गया,
जहाँ उसकी माँ आज भी आशा का दीप जलाती है।
हर वर्षगाँठ पर, उस तिरंगे के नीचे
आँसू नहीं, बलिदान का सम्मान बरसता है।
वह हँसा था अंतिम क्षणों में, जैसे शहादत को
उसने सहर्ष एक महान नियति मान लिया हो।
देश उसके लिए कोई सपना नहीं था,
वह तो उसकी अंतिम सांस और चेतना थी।
यह प्रेम इतना गहरा था कि उसने,
स्वयं को ही भारत के चरणों में समर्पित कर दिया।

****

37. धरती एक ही है

वह जानता है कि, मरुस्थल में भी आशा के सपने उगते हैं।
हिमालय की ऊँचाई और सहारा की तपिश,
उसे एक ही माँ की संतानों जैसे लगते हैं।
उसके लिए विश्व, विभाजन नहीं—एक विस्तार है,
जहाँ हर बंधन टूटकर प्रेम में बदलता है।
वह सीमाओं को मिटाकर सच्चे विश्वबंधुत्व में जीता है।
हर संस्कृति में, अपनी ही मानवता की झलक खोजता है।
उसका हृदय विशाल है, उसकी निष्ठा गहरी है;
वह सिर्फ अपनी मातृभूमि को नहीं,
संपूर्ण धरती को गले लगाता है।

****

38. शांति का स्वर

जब धरती पर कहीं युद्ध भड़कता है,
तो कवि की करुणा कराह उठती है।
वह बंदूकें नहीं, बल्कि प्रेम की बाँसुरी का साथ चाहता है।
मनुष्य की हर पीड़ा, उसे देश और जाति के
हर भेद से ऊपर, सार्वभौमिक लगती है।
उसकी इच्छा है कि हर सीमा के पार,
हर भाषा में ममता की लोरी गूँजे।
विश्व उसके लिए एक ही विशाल बस्ती है,
जहाँ केवल सौहार्द और सुकून बाँटना,
यही उसका सर्वोच्च धर्म और उद्देश्य है।

****

39. यात्राओं में अपनेपन की तलाश

वह चलता है—
नक्शा लिए नहीं, दृष्टि लिए।
हर नए स्थान पर
वह स्वागत की आशा नहीं, सौहार्द लाता है।
उसे फर्क नहीं पड़ता
वह कहाँ है—इटली या इराक।
वह बस देखता है
मनुष्यता की आँखों से।
प्रेम उसके लिए
यात्रा का गंतव्य नहीं, पथ है।

****

40. मौन की मित्रता

हम बोलते नहीं,
पर एक चुप्पी साथ चलती है।
जब मन थकता है,
तो उसकी आँखों में विश्राम मिलता है।
वो सलाह नहीं देता,
बस मौन में सहमति देता है।
मित्रता ऐसे होती है,
जैसे हवा—जो दिखती नहीं, पर होती है।
हम साथ नहीं रहते,
पर साथ होना महसूस होता है।

****

41. चाय, हँसी और विश्वास

एक कप चाय,
दो ज़िंदगियाँ… एक हँसी का पुल।
वो किस्से जो पुराने हैं,
पर हर बार नए लगते हैं।
वो खामियाँ जिनसे हम डरते हैं,
मित्र उन्हें गले लगाते हैं।
ना कोई प्रतियोगिता,
ना कोई मुखौटा।
सिर्फ अपनापन
और दिल की आवाज़।

****

42. समय की सिलाई

कभी महीनों बात नहीं होती,
फिर अचानक एक फोन… और वही गर्माहट।
जैसे रिश्ते समय से नहीं,
स्मृतियों से सिलते हैं।
वो बदल जाते हैं,
पर उनका प्रेम स्थिर रहता है।
मित्रता कोई अनुबंध नहीं,
एक सहज प्रवाह है।
जो समय की दरारों में
अपना रंग गाढ़ा कर लेती है।

****

43. अक्षरों का आलिंगन

वह किताब खोलता है,
तो जैसे कोई प्रिय उसे बाँहों में भर लेता है।
अक्षर नहीं पढ़ता,
अनुभवों की साँसें सुनता है।
हर पृष्ठ उसके भीतर
एक नई दहलीज़ खोलता है।
वो स्याही की गंध को
मिट्टी जैसा महसूस करता है।
पुस्तकें उसके लिए
मनुष्य की आत्मा का हस्तलेख हैं।

****

44. समय का संकलन

प्राचीन पन्ने
बोलते हैं जैसे कालजयी ऋषि।
एक उपन्यास पढ़ते हुए
वो इतिहास से संवाद करता है।
पुस्तकें समय नहीं खोतीं,
उन्हें बस खोला जाना होता है।
वह उन्हें पढ़ता नहीं,
उनमें उतरता है।
प्रेम ऐसा जो
वर्तमान को अतीत से जोड़ता है।

****

45. लेखक की आत्मा

जब वह पंक्तियाँ पढ़ता है,
तो लेखक की साँसें सुनाई देती हैं।
विचार, भाव, पीड़ा—सब सहेजकर
एक पुस्तक में समाहित होती हैं।
उसके लिए किताब
कोई वस्तु नहीं,
एक जीवंत संवाद है।
वो लेखक से कभी मिला नहीं,
पर उसके हृदय का संरक्षक बन गया।
पुस्तकें मिलन की अद्भुत विधा हैं।

****

46. दीपों की भाषा

हर दीपक जलता है
जैसे कोई संकल्प ले रहा हो।
दियों की कतार में
रिश्तों की गरिमा सजी होती है।
अंधकार को मिटाने से पहले
मन को उजास देना पड़ता है।
त्योहार केवल रोशनी नहीं,
एक आत्मा का आलोक है।
हर दीपवली
जीवन की नई भूमिका रचती है।

****

47. व्रत का मौन संवाद

वह दिन भर चुप रहता है,
पर उसका संकल्प बोलता है।
भूख को नकारना
ईश्वर से संवाद का माध्यम बन जाता है।
व्रत कोई प्रदर्शन नहीं,
एक आंतरिक यज्ञ है।
हर उपवास में
मन की चटाई साफ होती है।
वह खाता नहीं,
पर आत्मा तृप्त होती है।

****

48. मेलों की धड़कन

शहर सजता है,
पर गाँव की चौपाल ही सबसे रंगीन होती है।
जहाँ कच्चे रास्ते
कविताओं की गंध लाते हैं।
हर मेला
समुदाय का आलिंगन होता है।
बच्चे, बुज़ुर्ग, स्त्रियाँ—
सभी अपने समय से बाहर आते हैं।
त्योहारों में
सिर्फ उत्सव नहीं, परंपरा की पुनरावृत्ति होती है।

****

49. एक चेहरा—हर जगह

वह जब किसी अपरिचित को देखता है,
तो उसमें अपना ही अक्स खोजता है।
दुख हो या ख़ुशी—
चेहरा तो मनुष्य का ही होता है।
हमें जोड़ने के लिए
कोई भाषा नहीं चाहिए,
बस एक मुस्कान काफ़ी होती है।
मानवता उसकी जाति है,
और करुणा उसका धर्म।
प्रेम वही जो किसी परिचय की प्रतीक्षा न करे।

****

50. करुणा की जड़ें

वह वृक्ष को काटते नहीं देख सकता,
क्योंकि उसमें भी जीवन देखता है।
मानवता केवल मनुष्य नहीं,
जीव-जगत की आत्मीयता है।
वह जब किसी पक्षी को घायल देखता है,
तो उसकी साँस भी भारी हो जाती है।
प्रेम उसके लिए
शब्दों में नहीं, संवेदनाओं में है।
वह रोता नहीं,
लेकिन भीतर से पिघलता है।

****

51. एक दीप सभी के लिए

वह जानता है
कि हर किसी का अंधकार अलग होता है।
इसलिए जब दीप जलाता है,
तो सभी के लिए जलाता है।
न कोई नाम पूछता है,
न कोई धर्म।
सिर्फ चाहता है
कि उजास बराबरी से बाँटा जाए।
प्रेम उसका उद्देश्य नहीं,
उसकी अवस्था है।

****

52. सभ्यता की आत्मा

वह इमारतों में नहीं,
संवेदनाओं की परंपरा में बसती है।
सभ्यता कोई वस्तु नहीं,
जीवन जीने की भाषा है।
जिसमें समय की धड़कनें
कथाओं में गूँजती हैं।
वह पुरातन होकर भी
नवजागरण की प्रेरक होती है।
जो उसे समझे
वह खुद को समझने लगता है।

****

53. लोकगीतों में सजी संस्कृति

हर राग, हर ताल
किसी पूर्वज की पुकार है।
संगीत में वह
श्रद्धा से संवाद रचती है।
वह बोलती नहीं,
गाती है—मन के भीतर।
हर लोकगीत
संस्कृति की साँस है।
वह प्रेम से पली है,
विरासत से चली है।

****

54. ग्रंथों की गरिमा

ऋग्वेद से लेकर लोक कथाओं तक
हर शब्द एक दीप है।
वह केवल ज्ञान नहीं,
अनुभव की रोशनी है।
संस्कृति उस पाठशाला की तरह
जिसमें आत्मा का पाठ पढ़ाया जाता है।
वह धार्मिक नहीं,
ध्यान-संवेदी है।
जो उसमें डूबे,
वह जीवन को दर्शन की दृष्टि से देखता है।

****

55. दौड़ता हुआ जीवन

वह मैदान में दौड़ता है,
पर हर कदम ज़िंदगी की तरफ़ होता है।
सांसें तेज़ होती हैं,
पर मन स्थिर।
हर पसीना
एक संकल्प की निशानी है।
वह जीतता नहीं हमेशा,
पर हार में भी गति रखता है।
खेल उसके लिए
स्वयं को पहचानने की राह है।

****

56. क्रिकेट का संवाद

जब बल्ला हवा में उठता है तो,
गेंद की दिशा में, विचारों की तीव्र चपलता दिखती है।
रन महज़ गिनती नहीं, दो सहयोगियों के संघर्ष की गवाही है।
यहां खिलाड़ी केवल एक टीम नहीं बनाते,
वे अटूट सौहार्द और संबंधों की साझेदारी रचते हैं।
हर गेंद और हर विकेट के बीच,
एक-दूसरे पर अटूट विश्वास की डोर है।
खेल की इस पवित्र पिच पर,
गहन सामूहिकता का मंत्र गुंजता है,
जो एकता और जीत का प्रतीक है।

****

57. शरीर का ध्यान

हर चलन, हर संतुलन—यह देह की गहन साधना है।
वह क्षण भर को डगमगाता, पर गिरना भी अभ्यास का अंग है।
खेल के क्षणों में, यह काया एक वाद्य बन जाती है,
जिसे आत्मा अपनी लय और ताल में चेतना से साधती है।
यह तो क्रिया की उच्चतम चेतना है,
जहाँ हर श्वास पर पूर्ण नियंत्रण होता है।
हर हरकत एक मौन ध्यान की अवस्था है,
अंदर की आवाज़ से जुड़ा हुआ।
यह प्रेम केवल स्वस्थता नहीं है,
यह सजगता में लीन होने का उत्सव है।

****

58. वर्दी में गर्व

वो जब स्वाभिमान की वर्दी धारण करता है,
तो उसकी हर चाल में देश की गरिमा झलकती है।
हर बार सलामी देने पर, उसके पूर्वजों का
अखंड आदर और सम्मान बोलता है।
उसका हथियार सिर्फ युद्ध की तैयारी नहीं,
बल्कि संयम और शांति का प्रतीक है।
वह लड़ता नहीं, वह केवल अपनी भूमि की
दृढ़ता से रक्षा करता है, यही उसका धर्म है।
वर्दी उसके लिए गौरव का भार है,
और राष्ट्र की सेवा का सबसे बड़ा उत्सव।

****

59. शांति का प्रहरी

वह हाथ में गोली नहीं चाहता, बस अमन की राह तकता है,
पर जब ज़रूरत हो, अपनी जगह से पीछे नहीं हटता।
उसकी आँखों में सदैव एक ही स्नेह भरा सपना होता है,
देश के लिए संपूर्ण, अटूट शांति का सपना।
वह सिपाही है—एक ऐसा कवि,
जो मौन में ही राष्ट्र गान की धुन रचता है।
उसका प्रेम है गर्व से भरा हुआ,
मगर नम्रता की चादर में लिपटा होता है।
सैनिक वही है जो युद्ध की चाहत के बिना,
केवल प्रीति से युद्ध को जीतने की कोशिश करें।

****

60. बलिदान की लौ

वह तो चला गया... पर उसकी यादें कभी नहीं जातीं,
वे तो 'वंदे मातरम्' बनकर अनंत तक गूंजती हैं।
एक माँ हर त्यौहार, उसकी तस्वीर के आगे,
अपने प्रणय का दीपक जलाती है, गर्व से।
हर आने वाला क़दम, उसकी ही छाया में सुरक्षित है,
उसका बलिदान कोई अंतिम अध्याय नहीं था।
वह तो हमारी देशभक्ति के जुनून का अमर आरंभ है,
एक लौ, जो कभी बुझती नहीं।
उसका समर्पण ऐसा, जहाँ मौन की शक्ति बोलती है,
वह प्रेम जो देश के लिए सबसे बड़ा त्याग बन जाता है।

****

61. मौन की पुकार

वह बाहरी मंदिर की ओर कदम नहीं बढ़ाता,
पर हर सुबह उसकी साँसें 'प्रणाम' में लीन होती हैं।
ईश्वर से उसकी बातचीत, शब्दों का बोझ नहीं लेती,
यह तो भीतर के गहन मौन में होती है, एक मीठा लगाव।
वह कभी मोहब्बत से कुछ मांगता नहीं,
न ही अपने जीवन की राह में कोई शिकायत करता है।
सिर्फ़ महसूस करता है उस उपस्थिति को,
जो हृदय के केंद्र से निरंतर बोलती है।
आराधना ऐसी, जो विनती नहीं, एक आत्मिक संगति है,
जहाँ प्रेम का अर्थ केवल महसूस करना और उपस्थित रहना है।

****

62. आस्था की जड़ें

वह पीपल को जब जल देता है,
तो मानो अपने विश्वास को सींच रहा हो।
वृक्ष की हर पत्ती और उसकी शीतल छाया,
उसे परमात्मा का प्रत्यक्ष संकेत लगती है।
वह ऊँची आवाज़ में नहीं कहता 'हे भगवान',
पर उसका हर कार्य ही आस्था का मौन भाव होता है।
उसके लिए ईश्वर दूर कहीं नहीं है,
वह तो सृष्टि के कण-कण में सन्निहित है।
भक्ति ऐसी, जो श्रद्धा और श्वास को एक कर दे,
जहाँ पूजा बाहरी कर्म नहीं, जीवन का सहज प्रवाह बन जाए।

****

63. शास्त्रों की छाँव

वह जब कोई ग्रंथ पढ़ता है, तो प्रतीक नहीं खोजता,
बल्कि उन शब्दों में बसी हुई गहरी अनुभूति खोजता है।
श्लोक उसकी प्यासी आत्मा में उतरते हैं,
ठीक जैसे तपती भूमि पर जल की बूंदें समा जाएँ।
वेद, पुराण और उपनिषद उसके लिए सिद्धांत नहीं हैं,
वे तो उसकी चेतना से किया गया एक पवित्र संवाद हैं।
ईश्वर उसके लिए केवल कोई 'ज्ञान' नहीं है,
वह तो प्रत्येक कण में व्याप्त एक अनुभव है, एक पहचान है।
अनुराग ऐसा, कि हर मंत्र उसका मन बन जाए,
यह यात्रा आस्था की नहीं, स्वयं से स्वयं की मुलाकात है।

****

64. आईना और आत्मा

वह दर्पण में केवल चेहरा नहीं खोजता,
बल्कि अपने होने की स्वीकृति खोजता है।
झुर्रियाँ हों या कोई नई चमक, हर रेखा में,
वह सिर्फ़ जीवन द्वारा लिखी गई कहानी पढ़ता है।
वह खुद को न किसी मापदंड से नापता है,
न ही दुनिया के तराजू पर तौलने को रखता है।
बस एक ही सत्य को स्वीकार करता है हर पल—
जो कुछ भी वह है, वही आज के लिए पर्याप्त है।
स्व आलोचना को प्रेम के आईने में देखता है,
और उसे अपनी आत्मा का सच्चा साथी मानता है।

****

65. गलती का आलिंगन

उससे भूलें हुईं, पर उसने उन्हें कभी अपमान नहीं बनने दिया,
हर ठोकर को उसने विकास की एक नई सीढ़ी माना।
वह व्यर्थ में पछताता नहीं, बल्कि शांत मन से सीखता है,
क्योंकि गिरकर उठना ही जीवन का असली कर्म है।
वह अपने अंधेरे, अपनी कमियों से कभी डरता नहीं,
उन्हें जानकर ही भीतर रोशनी लाने का साहस करता है।
सबसे पहले स्वयं को पूर्ण रूप से स्वीकृति देता है,
सुधार की प्रक्रिया इसी प्रेमपूर्ण आलिंगन से शुरू होती है।
यह स्वप्रेम है, जो त्रुटियों को भी अवसर बना दे,
स्वयं को प्रतिदिन एक नया, बेहतर आकार देने के लिए।

****

66. सुबह खुद के लिए

वह चाय बनाता है, किसी मेहमान की प्रतीक्षा नहीं करता,
यह पहला कप, स्वयं के अस्तित्व का अभिवादन है।
खुद के लिए ही फूल लाता है, मेज पर सजाता है,
और मुस्कान से अपने दिन का शुभारंभ करता है।
वह जानता है कि उसका मन भी ध्यान और प्रेम योग्य है,
सबसे पहले स्वयं को भरना, यही उसकी सच्ची पूजा है।
न कोई ताज पाने की होड़ है, न कोई पुरस्कार की चाह,
फिर भी जीवन उसका हर पल एक पूर्ण उत्सव है।
आत्मसम्मान ऐसा जो किसी बाहरी कारण की ज़रूरत न रखे,
जो अपने ही होने का कारण बन जाए, यही सच्चा संतोष है।

****

67. झाड़ू की गरिमा

वह झाड़ू उठाता है, तो जैसे सम्मान को समेटता है,
क्योंकि हर छोटा कार्य उसके लिए वंदना है।
हर कचरा भले ही उसका न हो, पर वह उसे अपना मानता है,
सड़क हो, चौपाल हो या फिर मन का कोई कोना—
वह हर जगह, एक समान, साफ़ करता है।
स्वच्छता उसके लिए केवल सफाई नहीं, अनिवार्य संस्कार है,
जो उसे कर्तव्य पथ पर चलने की दिशा देता है।
झाड़ू केवल उपकरण नहीं, उसकी सच्ची 'आरती' है,
जिससे वह अपनी धरती माता को नित्य पूजता है।
यह है श्रम की गरिमा, और सेवा की निष्ठा का भाव।

****

68. स्वच्छ मन, स्वच्छ समाज

वह सोचता है साफ़, तो समाज भी स्वच्छ लगता है,
क्योंकि मन की पवित्रता से ही जग में उजाला होता है।
कुंठा, ईर्ष्या और छल जैसे मन के कचरे,
जब वह धो डालता, तभी प्यार की नींव मज़बूत होती है।
स्वच्छता उसके लिए बाहरी नहीं, आंतरिक साधना है,
जो हर कर्म और व्यवहार को सही दिशा देती है।
वह जानता है कि अंदर की सफ़ाई ही सबसे बड़ी क्रांति है,
जो बाहर की गंदगी को हमेशा दूर रखती है।
स्वच्छ मन और सोच की शुद्धि से ही शुरुआत होती है,
मन साफ़ हो तो, हर जगह एक नया समाज बनता है।

****

69. पर्यावरण का प्रण

वह कचरा नहीं फैलाता कभी भी यहाँ,
क्योंकि पेड़ उसे अपने सच्चे मित्र लगते हैं।
हर प्लास्टिक से बचना, एक बड़ा परहेज़,
यह उसके लिए प्रकृति की पूजा जैसा लगता है।
वह जानता है कि मिट्टी साफ़ रहे अगर,
तो जीवन पवित्र और समृद्ध बना रहेगा।
स्वच्छता उसके लिए कोई आदत नहीं,
बल्कि आने वाले भविष्य की सुनहरी चाभी है।
धरती के स्वास्थ्य से प्रेम है अतः चिंता है,
और हरियाली के लिए जीवन भर काम करता है।

****

70. समय का स्पर्श

वह केवल घड़ी देखता नहीं, क्षणों को महसूस करता है,
हर गुज़रता पल उसके लिए एक अमूल्य अनुग्रह है।
वह बीती बातों को दोष नहीं देता, उनसे संवाद करता है,
भविष्य की चिंता छोड़कर, वर्तमान का आलिंगन करता है।
उसके लिए हर पल एक छोटा सा जीवन बन जाता है,
जहाँ चेतना सबसे ऊँची और सच्ची साधना है।
वह अतीत से सीख, और भविष्य को वर्तमान से संवारता है,
प्रेम भाव से समय से युद्ध नहीं, बल्कि साहचर्य करता है।
क्योंकि जीवन का सार न आने वाले कल में है,
बल्कि उस स्पर्श में है जो अभी यहीं हमारे साथ है।

****

71. सुबह का आलाप

वह हर सुबह नव संगीत की तरह उठती है,
रोशनी केवल सूरज की किरण नहीं होती।
यह तो समय की पहली, कोमल मुस्कान होती है,
वह जागता है, ऊब या आलस्य से परे होकर।
जैसे दिन का हर पल एक नया सृजन हो,
समय उसके लिए दिनचर्या नहीं, एक साधना है।
प्रेम ऐसा जिसका आधार कैलेंडर पर नहीं,
बल्कि चेतना की गहरी गति पर निर्भर है।
वह हर उदय में एक नई ऊर्जा पाता है,
यही जीवन जीने का सबसे सुंदर आलाप है।

****

72. स्मृतियों की घड़ी

वह घड़ी की सुइयों में बीते लम्हों की गूँज सुनता है,
हर पुरानी तस्वीर, हर पत्र—समय की आत्मकथा है।
यह शाश्वत सत्य है कि संसार में सब कुछ बदलता है,
पर सच्चे अनुभव की अमूल्य स्मृति हमेशा ठहरती है।
समय स्वयं ही एक विशाल और अद्भुत संग्रहालय है,
जहाँ गुज़रे हुए क्षण आज भी मूर्त बन जाते हैं।
भूतकाल की छाया से उसे कोई भय नहीं लगता,
केवल उससे मिली भावनाएँ और शिक्षा ही लेता है।
प्रेम की अनुभूति और समय के साथ और गहरा हो जाए,
यही स्मृतियों की घड़ी का सबसे मधुर संगीत है।

****

73. आँखों से संवाद

वह कुत्ता कुछ नहीं कहता कभी,
पर उसकी आँखें सब समझा देती हैं।
सच्चे स्नेह को भाषा की ज़रूरत नहीं,
बस थोड़ा सा अपनापन काफी होता है।
वह जब हर्ष से पूँछ हिलाता है,
तो यात्री का मन हिल जाता है।
जीव-जन्तु शब्दों की मांग नहीं करते,
केवल प्यार भरा स्पर्श चाहते हैं।
मूक भाषा भी गहरा संवाद बन जाए,
यह अनमोल रिश्ता हर बंधन से परे है।

****

74. पंछियों की पुकार

हर सुबह वो चहकते हैं, जैसे प्रार्थना गाते हों,
कौन किस प्रजाति का, यह जानना आवश्यक नहीं।
उन सबका स्वर एक जैसा मीठा सुकून देता है,
पेड़ उनका घर है, और आकाश उनकी खुली ज़मीन।
दाना जब वह ज़मीन पर चुपचाप डालता है,
तो मन को एक अनूठी और गहरी तृप्ति मिलती है।
हर जीव प्रकृति की एक धड़कन है,
जहाँ संवेदना ही सबसे बड़ा सत्य है।
उड़ते हुए को देखकर दिल में प्रेम बस जाए,
यह निस्वार्थ भाव ही जीवन की सच्ची पुकार है।

****

75. जंगल की आत्मा

हाथी जब मंथर चाल से गुजरता है,
तो धरती भी उसकी गरिमा महसूसती है।
वन केवल पेड़ों का एक समूह नहीं,
बल्कि जीवों के जीवन का उत्सव है।
हर एक जीव प्रकृति की धड़कन है,
वे जंगल में नहीं, संवेदना में जीते।
यहाँ संरक्षण से ही सजीवन संभव,
प्रेम ऐसा कि सब एक-दूसरे को साधें।
जंगल की आत्मा बस इतनी सी है:
सृष्टि का हर कण सम्मान और प्यार पाता रहे।

****

76. यात्रा का जादू

वह बैग उठाता है, तो नया जीवन शुरू करता है,
हर स्टेशन कोई अनूठी कहानी सुनाता है उसे।
और हर रास्ता मन के नक्शे को बदलता है,
वह वहाँ केवल देखने नहीं, बल्कि जीने जाता है।
पर्यटन उसके लिए महज सैर नहीं है,
यह तो एक आत्मा की उन्मुक्त उड़ान है।
जहाँ वह यात्री बनकर हर पल को जीता है,
और स्मृति का हर पल एक चित्र बन जाता है।
यह अनमोल चित्र ही कविता बनकर,
उसके साथ उसके घर लौटता है, एक प्यारा सा एहसास लेकर।

****

77. अनजानी जगहों का अपनापन

नक्शे पर दिखा कोई अनजाना सा शहर,
पर पहुँचते ही वहाँ अपनापन मिला।
भाषा की दूरी मायने नहीं रखती,
जब मुस्कराहट का भाव साझा हुआ।
वह टूरिस्ट नहीं, सच्चा यात्री है,
जिसके लिए हर नगर एक आमंत्रण।
पेड़ उसे नाम से नहीं, भाव से पहचानते,
हर सड़क पर संस्कृति का स्वागत है।
प्रेम की बयार ऐसी कि हर दरवाज़ा खुला लगे,
और हर अनजान जगह अपना घर बन जाए।

****

78. प्रकृति में विचरण

वह करता है पहाड़ों से बातें अनूठी,
नदियों को सुनाता है अपनी कहानी।
पर्यटन नहीं, यह आत्मीय संवाद है,
बस तस्वीरें खींचना उसका इरादा नहीं।
पेड़ उसे नाम से नहीं पहचानते,
भाव से होता है उनका गहरा नाता।
वह छूता है हवा को ऐसे जैसे,
मिल गई हो कोई पुरानी सहेली।
ऐसा अनुराग कि पूरी सृष्टि उसकी,
यात्रा में एक सहयात्री बन जाए।

****

79. पेड़ों की प्रार्थना

वह बैठता है वृक्ष की छाँव तले,
कोई मंत्र नहीं, बस पाता है शांति।
हर पत्ता जो हवा में है झूलता,
वह उससे मौन में ही बात करता।
उसकी छाया ही उसका सच्चा धर्म है,
गहरी जड़ें ही उसका दृढ़ दर्शन।
काटने का विचार कभी नहीं आता,
वह तो बस झुककर उसे प्रणाम करता।
स्नेह ऐसा कि इस गहरे मौन में भी,
दोनों के बीच एक अटूट संवाद बहता है।

****

80. पक्षियों की भाषा

वे चहकते हैं, नहीं चाहिए इन्हें कोई कोष,
बिना सीखे भी वह समझता है हर घोष।
उस संगीत के साथ हर सुबह वह जागता है,
न कि किसी रिंगटोन की कृत्रिम धुन के संग।
कानों को नहीं, यह आत्मा को सुनाई देती है,
यह प्रकृति की आवाज़, जो अध्यात्म है।
हर कलरव में एक अनकही पुकार छिपी,
जिसे सुनकर मिलती है मन को परम शांति।
प्रेम ऐसा कि इन जीवों का हर स्वर,
उसके लिए एक सच्ची उपासना बन जाए।

****

81. नदी का आलिंगन

वह नदी किनारे आता है ठहरकर,
जैसे वर्षों बाद बचपन से भेंट हो।
बिना डुबकी लगाए भीग जाता,
हर लहर उसे स्नेह से बुलाती है।
वह प्रवाह में बहता, जीवन को जीता,
नदी उसके लिए शांति का ही पर्याय।
शिव नहीं, यह आत्मिक विश्राम है,
जहाँ हर धारा एक गहरी साँस है।
प्रेम ऐसा कि शीतल जल की धार,
उसे फिर से जीवन का पाठ पढ़ा दे।

****

82. शब्दों की मिट्टी

हिन्दी इसके लिए केवल भाषा नहीं,
यह मातृभूमि की पावन गंध है।
हर शब्द में धरती की परछाईं,
वह जब भी 'प्रेम' कहता है,
उसमें सारा आकाश झलकता है।
हिन्दी केवल एक नाज़ नहीं है,
वह इसकी साँसों का स्पर्श, इसकी आस्था।
हर अक्षर में जीवन की लय बसी है,
प्रेम ऐसा कि शब्दों में मिट्टी की गरिमा,
सदियों तक जीवित रहे, अटल विश्वास।

****

83. साहित्य का संधान

कविता, कहानी, उपन्यास—हर विधा में प्राण है,
हिन्दी की कलम से बहता ज्ञान का घोष।
जब प्रेमचंद की पुस्तक सामने खुलती,
तब समाज की आँखें नहीं, हृदय बोलता है।
यह केवल तथ्य नहीं, गहरी संवेदना है,
भाषा नहीं, संस्कृति और सभ्यता का साक्ष्य।
साहित्य इसके लिए बस एक माध्यम है,
जहाँ हर पंक्ति जीवन की राह बनाती।
प्रेम ऐसा कि पंक्तियों से नाता बन जाए,
हर शब्द जीवन का अद्भुत पाठ पढ़ाए।

****

84. सरलता में शक्ति

हिन्दी सरल है, पर उसकी गहराई अनंत है,
शब्द नहीं, कोई सम्पूर्ण ग्रंथ खोलती है।
यह सहज जुबान, जन-जन की वाणी है,
पर विचारों की धार इसकी पैनी, अद्भुत।
केवल भाषा नहीं, यह जननी की व्याख्या है,
हर अक्षर में निहित, माँ की ममता।
हिन्दी में संवाद कहाँ, यहाँ तो संबंध बनते हैं,
हर वाक्य जैसे कोई डोर बुनता है।
प्रेम ऐसा, अनमोल और अति पावन,
कि बोलने से पहले आत्मा बोलती है।

****

85. वस्त्रों की वाणी

चुनरी में माँ की ममता का साया है,
धोती में लिपटी, पिता की खरी गरिमा।
पगड़ी महज़ वस्त्र नहीं, साहस की निशानी,
वो स्वाभिमान की ऊँची, अटूट छाया है।
यह कुरता जब भी तन पर सजाता हूँ,
तो अतीत मेरे कंधों पर चलने लगता है।
वस्त्रों में रंग कहाँ, ये तो समय की बूँदें हैं,
ये धागे नहीं, ये भावों का गहरा बंधन हैं।
प्रेम ऐसा अनूठा और अमूल्य,
कि पहनावा ही जीवन की पहचान बन जाए।

****

86. स्वाद की स्मृति

खिचड़ी की भाप में
बचपन मुस्कुराता है।
सरसों के साग में
गाँव की सोंधी सी महक है।
रोटी का गोल आकार
संघर्ष का चक्र बन गया।
भोजन केवल भूख नहीं,
भावों की थाली है।
यह स्वाद इतना गहरा
कि अन्न का एक-एक कण जीवन का सत्य समझाए।

****

87. शैली और संस्कृति

वह जब जूती पहनता है,
तो ज़मीन का सीधा स्पर्श महसूस करता है।
कन्धे पे पड़ा उत्तरीय उड़ता है,
तो हवा में उसके संस्कार बहते हैं।
पोशाक उसकी भाषा है,
और पहनावा उसकी कविता।
वह क्षणिक फैशन नहीं ढूँढता,
अपनी संस्कृति का विस्तार करता है।
उसका परिधान इतना सार्थक और प्यारा कि
कि हर धागा उसे अपनी गहरी विरासत से जोड़े।

****

88. पेड़ का पत्र

वह पेड़ से ऐसे बात करता है,
जैसे कोई गहरा मित्र हो।
हर पत्ता उसके लिए
मौसम और जीवन का संकेत होता है।
जब वह छाँव में बैठता है,
तो उसके विचार निखर उठते हैं।
वृक्ष उसके शिक्षक भी हैं,
और प्रिय सहचर भी।
उसका संबंध इतना गहरा
कि वृक्ष की जड़ें ही उसे जीवन का सत्य समझाएँ।

****

89. जल का स्मरण

नदी उसकी माँ-सी बहती है,
हर मोड़ पर सिखाती है धैर्य और प्रेम।
वह मात्र जल नहीं पीता,
उससे जीवन की धारा ग्रहण करता है।
बूँदें उसके लिए,
समय और संघर्ष की गाथाएँ हैं।
वह वर्षा को केवल पानी नहीं मानता,
बल्कि धरती पर ईश्वर का आशीर्वाद समझता है।
उसका विश्वास इतना अटल
कि जल का हर कण उसे सत्य का मार्ग दिखाए।

****

90. पक्षियों की पुकार

प्रातः की चहचहाहट
उसके लिए गहन मौन-ध्यान है।
हर पंछी की मुक्त उड़ान में
वह जीवन की सच्ची स्वतंत्रता पढ़ता है।
तिनके-तिनके से बुना घोंसला
उसको परिवार की अटल परिभाषा देता है।
वह केवल ध्वनियों को नहीं,
बल्कि उनसे जुड़ी संवेदनाओं को सुनता है।
उसका प्रेम से ओतप्रोत हृदय इतना शांत
कि प्रकृति ही उसकी सबसे बड़ी पथ-प्रदर्शक बन जाए।

****

91. चरखे का चरित्र

चरखा नहीं, यह धीमा संगीत है।
हर घुमाव में, एक संकल्प का धागा।
यह केवल सूत नहीं खींचता है,
यह जड़ों से जुड़ी हुई आस्था है।
पुराने हाथ इसे प्रेम से थामते हैं।
क्योंकि इसमें करोड़ों उम्मीदें गुँथी हैं।
वस्त्र अब देह को नहीं ढँकता,
सीधे आत्मा को आवरण देता है।
हर ताना-बाना एक मौन प्रतिज्ञा है,
कि श्रम ही हमारा सबसे बड़ा स्वाभिमान है।

****

92. मिट्टी की मशाल

यह केवल मिट्टी का आकार नहीं है।
इसमें रचने वाले के हाथों का ताप है।
कच्ची मिट्टी को गढ़ने का एक मौन प्रेम।
यह दीप, तेल से नहीं जलता।
यह भीतर के भावों की मशाल है।
स्वदेशी का अर्थ है: अपनी ज़मीन से लगाव।
उस गरिमा को जानना जो काँच में नहीं है।
जब यह ज्योति जलती है,
तब हर कोना एक मीठी आस्था से भर जाता है।
प्रेम ऐसा, कि यह उजाला भी तुम्हारा अपना लगे।

****

93. हस्तकला की हँसी

लकड़ी की नक्काशी, पत्थर की कारीगरी–
श्रम नहीं, कलाकार की मौन हँसी है।
हथकरघे की लय, पटचित्रों का रंग,
हर कृति में एक जीवन धड़कता है।
स्वदेशी उत्पाद केवल बाज़ार नहीं हैं;
ये सदियों के संस्कारों की अभिव्यक्ति हैं।
कलाकार इसमें पहचान नहीं ढूँढता,
वह तो अपनी मेहनत का स्वाभिमान देखता है।
जब आप इसे अपनाते हैं,
तो आप सादगी में छिपे सौंदर्य को प्रेम देते हैं।

****

94. झुर्रियों का इतिहास

माथे की हर रेखा, केवल निशान नहीं।
वे जीवन की अनकही कहानियों के प्रमाण हैं।
जब वे मुस्कुराते हैं,
समय थम जाता है, इतिहास झुकता है।
हर झुर्री में छुपा है एक कठिन निर्णय,
एक सीखा हुआ पाठ, एक गहरी परछाई।
वृद्ध केवल वर्षों का जोड़ नहीं होते;
वे चलते-फिरते विचारों के विशाल वन हैं।
आँखों में केवल श्रद्धा और प्रेम छलके,
और सम्मान, हर अनुभव पर ठहर जाए।

****

95. दादी के हाथ

वे सिर्फ़ आटा नहीं गूँथतीं,
हर रोटी को स्नेह का आकार देती हैं।
चूड़ियों की खनक में केवल ध्वनि नहीं,
उनमें पीढ़ी-दर-पीढ़ी के संस्कार गूँजते हैं।
उनके हाथों की हर लकीर में
परिवार की खुशियाँ गूँथी जाती हैं।
थाली में जो परोसा है, वह भोजन नहीं–
वह उनकी ममता का संपूर्ण प्रेम है।
चाल बेशक धीमी हो गई है, किंतु जीवन की अनुभूति गहरी है।
प्रेम ऐसा, कि हर स्पर्श स्वयं में एक मौन आशीर्वाद लगे।

****

96. समय के सहचर

वृद्ध लोग घड़ी के अंक नहीं, वे स्वयं समय के मौन सहचर हैं।
वे वर्तमान की रचना जब करते हैं,
तो उसमें अतीत की गहरी अनुभूति लाते हैं।
उनके संवाद केवल बातें नहीं होतीं,
वे जीवन के अनुभव की स्याही से लिखे जाते हैं।
वे धीमी गति से नहीं चलते,
दुनिया को देखने का धीमा और गहन तरीका सिखाते हैं।
प्रेम ऐसा कि उनका मौन भी
एक स्पष्ट और अचूक मार्गदर्शन बने,
एक ऐसी विरासत जो केवल महसूस की जाती है।

****

97. दृष्टि का दीप

वह जब चलता है आगे,
उसकी दृष्टि में पिछला हर पथ भी स्पष्ट रहता है।
हर निर्णय उसके लिए केवल निजी स्वार्थ नहीं,
बल्कि संपूर्ण समष्टि की पुकार होता है।
नेता वह नहीं जो सिर्फ़ अपनी बात कहता है,
बल्कि वह जो अनकही आवाज़ों को भी सुनता है।
उसका धीर मौन
किसी भी उद्घोष से अधिक बड़ी नीति बन जाता है।
प्रेम ऐसा कि उसका नेतृत्व
केवल आज्ञा नहीं, जन-जन की सच्ची श्रद्धा बन जाए।

****

98. मार्गदर्शक का मन

वह केवल रास्ते नहीं दिखाता,
बल्कि संपूर्ण यात्रा को सरल और सुगम बनाता है।
नेतृत्व उसके लिए
कभी भी सम्मान या पद नहीं, केवल निःस्वार्थ सेवा है।
वह परिस्थितियों से टकराता नहीं,
बल्कि हर उलझन को धैर्य से सुलझाता है।
उसके हर छोटे-बड़े कार्य में
लोकहित और कल्याण की अटूट लौ जलती है।
प्रेम ऐसा कि उसका हर एक कदम
अन्य लोगों के लिए जीवन की प्रेरणा हो जाए।

****

99. नई सोच का शिल्पी

वह जब नई दिशा गढ़ता है,
तब भी पुरानी जड़ों का मान रखता है।
सच्चा नेता वह है,
जो परिवर्तन को विवेकपूर्ण संतुलन से साधता है।
उसके मौलिक विचार,
शांत होकर भी, क्रांति की नींव रखते हैं।
वह वर्तमान का वास्तुकार है,
जिसके हृदय में जन-कल्याण बसता है।
उसके जनता प्रेम का प्रभाव इतना गहरा
कि उसके विचार ही स्वयं मार्गदर्शक बन जाते हैं।

****

100. धरोहर का दस्तावेज़

पत्थरों की दीवारें,
समय की मौन प्रेम की भाषा बोलती हैं।
वह अपनी दृष्टि से,
हर खंडहर में गौरव खोजता है।
इतिहास उसके लिए
केवल अतीत नहीं, बल्कि आत्मा का संचित ज्ञान है।
जब वह धूल भरे पन्ने पलटता है,
तब नई पीढ़ी की पहचान उभरती है।
उसका संकल्प इतना अडिग
कि हर लिपि में युगों-युगों की प्रज्ञा बोलती है।

****

लेखक परिचय — आनन्द कुमार आशोधिया

"लघुकविता के स्वर में संस्कृति का मर्म"

आनन्द कुमार आशोधिया: अनुशासन की भूमि से संवेदना का सृजन

आनन्द कुमार आशोधिया का व्यक्तित्व भारतीय वायु सेना के उच्च अनुशासन और हरियाणवी लोक-संस्कृति की गहरी संवेदनशीलता का एक दुर्लभ संगम है। उनका जीवन एक ओर राष्ट्र सेवा के प्रति गहन समर्पण का प्रतीक रहा है, वहीं दूसरी ओर वे शब्दों के माध्यम से लोक-संवेदना और आधुनिक विचारों के सजग संवाहक बने हैं।

अनुशासन से लघुकविता तक की यात्रा

भारतीय वायु सेना में वारंट अफसर के रूप में दशकों तक राष्ट्र की सेवा करने वाले श्री आशोधिया ने अपनी सेवाकाल में ही लेखन और हिंदी भाषा के प्रति अपने प्रेम को जीवित रखा। लगातार आठ वर्षों तक **राजभाषा प्रोत्साहन सम्मान** से अलंकृत होना प्रशासनिक स्तर पर हिंदी के संवर्धन के प्रति उनके गहरे लगाव को दर्शाता है। यह अनुशासित जीवन

ही उनकी कविता में स्पष्टता और संक्षिप्तता लेकर आता है—जो **लघुकविता** विधा की सबसे बड़ी माँग है।

"प्रेम के सौ रंग — आधुनिक हिंदी लघुकविता": हिंदी सृजन का नया आयाम

शैक्षणिक रूप से आपने अन्नामलाई विश्वविद्यालय से अंग्रेज़ी साहित्य में स्नातकोत्तर उपाधि प्राप्त की। यद्यपि आपकी रचनात्मक चेतना का मूल हरियाणवी लोक-भाषा और लोक-धुन (रागनी) में निहित है, किंतु **'प्रेम के सौ रंग — आधुनिक हिंदी लघुकविता'** संग्रह आधुनिक हिंदी कविता में उनका महत्त्वपूर्ण पदार्पण है। यह संग्रह सिद्ध करता है कि एक कवि की दृष्टि लोक-काव्य की विस्तृत गाथाओं से निकलकर, समकालीन जीवन के सूक्ष्म, मार्मिक क्षणों को संक्षिप्त **'बूँदों'** में कैद करने में भी उतनी ही समर्थ है।

हरियाणा के गाँव **शाहपुर तुर्क (जिला सोनीपत)** में 01 अप्रैल को जन्मे श्री आशोधिया, वर्तमान में मुंबई में निवासरत हैं। स्व. श्री रघबीर सिंह एवं श्रीमती रतनी देवी के सुपुत्र, वे अब सेवा-निवृत्ति के पश्चात साहित्य को ही अपना जीवन-धर्म मान चुके हैं।

साहित्यिक अवदान और सांस्कृतिक संकल्प

श्री आशोधिया की 250 से अधिक रचनाओं की विशाल थाती है, जिसमें हिन्दी के साथ साथ हरियाणवी रागनी, किस्सा, दोहा, गीत कविता और गजल शामिल हैं। उनकी **'कारगिल गौरव गाथा'** राष्ट्रभक्ति और मानवीय संवेदना के समन्वय के लिए विशेष रूप से प्रशंसित है। इसके अतिरिक्त, वे निस्वार्थी साहित्यिक मंचों से सक्रिय रूप से जुड़े हैं और अनेक साझा संकलनों में प्रकाशित हो चुके हैं।

प्रमुख प्रकाशित कृतियाँ

- अधराजण — हरियाणवी किस्सा (रागनी साँग शैली में)।
- थारा मुद्दा थारी बात — हरियाणवी लघु कविता सँग्रह।
- किस्सा भगत पूरणमल — रागनी संग्रह (समीक्षा सहित)।
- हीर राँझा – हरियाणवी लोक रागणी संग्रह (पिंगल समीक्षा सहित)।
- अविकावनी — हरियाणवी रागणी संग्रह।
- द्रौपदी: एक लोक चेतना – रागनी, समीक्षा और पुनर्पाठ।
- "प्रेम के सौ रंग — आधुनिक हिंदी लघुकविता" संग्रह (प्रस्तुत कृति) ।

अपने बहुमूल्य साहित्यिक योगदान के लिए उन्हें **हरियाणा संस्कृति गौरव रत्न अवॉर्ड, कारगिल गौरव विजय सम्मान, निस्वार्थी परमवीर सम्मान, हरयाणवी साहित्य रत्न 2025** सहित अनेक प्रतिष्ठित सम्मानों से विभूषित किया गया है।

आनन्द कुमार आशोधिया का लेखन केवल काव्य नहीं, अपितु एक सांस्कृतिक संकल्प का जीवंत दस्तावेज़ है। उनका ध्येय है कि अपनी लेखनी के माध्यम से वे लोक-संस्कृति की विरासत को राष्ट्रीय और वैश्विक मंच तक पहुँचाएँ और आधुनिक हिंदी साहित्य को विचारों की स्पष्टता से समृद्ध करें।

9 789334 455267

Printed at Repro India Ltd.